창비시선 93

조 태 일 詩 集

산속에서 꽃속에서

창비

차   례

제 1 부

제 2 부

제 3 부

제 1 부

짧은 시

종철에게

책상을 손바닥으로 '탁' 치니까
'억' 하고 쓰러져 숨졌다?

종철아,
네가 모른다고 책상을 '탁' 치니까
아저씨께선
'억' 하고 쓰러져서 운명하시고
너는 이렇게 살아 남았느냐?

<1987>

탁과 억 사이에서

탁 자는 우리 민족의 언어입니다.
억 자도 마찬가지입니다.

탁 자와 억 자가 신문에 나기 시작하면서
사람들의 입에 오르내리면서
한 해 동안 끊기로 했던 술을
됫술, 말술로 나는 마시기 시작했죠.

술을 마신 뒤에도 잠이 오지 않습니다.
이 탁 자와 억 소리가 내 방을
기어다니기도, 천장에 매달리기도 해
여간 무서운 것이 아니지요.

밥 먹을 때도 탁과 억 소리가 씹힙니다.
길을 가도 탁과 억 소리가 차입니다.
시를 써도 탁과 억 자만 씌어집니다.
책을 봐도 온통 탁과 억 자뿐이죠.

아무래도 중병입니다.
배울 만큼 배웠어도 다른 어휘는 모르고
탁 자와 억 자만 내 머리속에 가득하죠.
정신병동에서
정신병을 앓고 있음이 분명합니다.

탁 ?
억 ?
탁억탁억탁억탁억, 억탁억탁억탁억탁
야산의 수풀 같기도 하고
탁억탁억탁억탁억, 억탁억탁억탁억탁
양영자와 현정화가 탁구 치는 소리 같기도,
김완과 유남규의 탁구 치는 소리 같기도 하고

민주정치와 독재정치가 뒤얽혀
싸우는 꼴 같기도 합니다.

거듭 태어나라, 태어나라

신께서 우시면서 간곡히 말씀하시는

간단하면서 단호한 어조 같기도 하죠.

탁!

억?

탁!억?탁!억?탁!억?탁!억?

<1987>

시를 써서 무엇하랴

문학은 진실이라고 배웠다.
시에 이르는 길은 진실의 길밖에 없다고,
나의 스승 이산 김광섭 시인은 가르쳤다.

스승께서는 일제하에서 4년여 옥고를 치르셨고
해방을 맞아 새 나라 건설에 뛰어들었다.

정치판을 떠나 대학에서
문학을 강의하셨고
노후에는 유명한 『성북동 비둘기』를 남기셨다.
아직도 진실을 모른 채

제자인 나는 지금도 꾀죄죄하게
살아 남아서
이런 따위의 시를 끄적이고 있다

시를 써서 무엇하랴!

탁 소리 앞에

다 무너지는 삶인데········

<1987>

길

그냥 가렵니다.
황톳길이건 돌밭길이건
잠 못 이루고 서로 앉아 몸 비비며
깨어 있는 풀밭길이라도
어쩌겠소, 어쩌겠소.

그냥 떠나렵니다.
마음 편하건 안 편하건
오늘밤도 저리 잠 못 이루고
깨어서 반짝이는 별밭길이라도
어쩌겠소, 어쩌겠소.

책들도 노트도 불태워버리고
다시 태어나는 순간으로
그 기분으로 그 첫울음으로
가렵니다, 떠나렵니다.
말리겠소? 말리겠소?

청청히 솟아 있는 대밭이건

묵묵히 앉아 있는 바윗길이건

철철이 흐르고 있는 강물길이건

어쩔 수 없지 않소

헛말만 떠도는 이곳보다야

훨씬 살아갈 맛이 나지 않겠소?

걸어서 걸어서

잠 이룰 때까지 뜬눈으로.

<1987>

날 부르거든

누가 날 부르거든 없다고 말해다오.
地上에 머문 적이 없다고 말해다오.
그러니까 누가 날 부르거든
소리여, 소리답게 단호히
없다고 말해다오.

누가 날 부르거든 잠시만 기다리라고 말해다오.
地上으로 오긴 온다고 말해다오.
그러니까 누가 날 부르거든
소리여, 소리답게 단호히
아직 없다고 말해다오.

누가 날 부르거든 있다고 말해다오.
地上으로 오긴 왔다고 말해다오.
그러니까 누가 날 부르거든
소리여, 소리답게 단호히
있다고 말해다오.

누가 날 부르거든 눈짓만 해다오.

地上의 모든 것 위에

뒹구는 아슬아슬한 이슬을 눈짓으로 가리켜다오.

몸부림치면서 이리저리 뒹구는 저 이슬을.

<1987>

무 지 개

따로따로는 슬픔을 나타내지 말고
어우러져 찬연히 공중에 떠서
함께 더 큰 슬픔을 보여주자던……

이제는 먹구름 속에 갇혀
숨죽이며 가슴 조이며
중얼중얼 어느 나라 말을 말하고 있는가.

아이들이 눈들을 비비며
햇빛도 자유로이 떠돌지 못하는
하늘을 종일토록 바라보아도
모습을 보여주지 않고,

잔뜩 쏘내기만 퍼부으려는가.
하늘과 함께 무너져내리려는가.

끝내 기쁨은 우리들의 것이 아닌

다만 짐승들의 차지인가

그런가 ?

그런가 !

<1987>

빗속을 거닐며

햇살보다 더 찬란한 빛이다.
햇살을 헤치며 거닐다가
소나기를 만나 빗속을 거닐어도
우산을 받치지 말자.

온몸이 젖는다 해도
오늘 하루가 다 젖는 것은 아니다.
침묵들을 들쑤시는 전령이니까
깨우침이니까 소나기는

온세상을 두루 돌고 온 열사들의 마음인지
화살로 몸을 파고드는구나.
노여움으로 사랑으로
종철이의 한열이의 영혼이 내리쏟는구나.
우리들의 곁을 떠난
열정의 시인 채광석의 마음이 내리쏟는구나.

빗속을 거닐면서 휘청이지 말자
지쳐 드러누운 아스팔트를 뚫고
시멘트길을 뚫고
무엇이 그리 그리운지
흙덩이가 용솟음친다.
싹들도 다투어 솟아난다.
땅속 깊이 묻혔던 소문들도
빗줄기로 물구나무선다.

비에 젖어 화살에 부활하여
한마음으로 파도 치는 우리들이여
우산을 받치지 말자.

〈1987〉

산속에서

바라보았다.
돌멩이들을 바라보니 무슨 할말이라도 있는지,
그들은 일제히 일어나 눈앞에서
끼리끼리 탁탁 부딪치며 시위를 벌인다.
나무들을 바라보니 그들은
일제히 걸어나와 눈앞에서
겹겹이 떼를 지어 열매들을 펑펑 쏘아대며
돌멩이들을 진압한다.

들으려 했다.
땅속에 묻혔던 소리들이 꿈틀 일어나서
귓가에서 아우성 아우성이다.
들으려 했다.
돌멩이들이나 나무들 사이에서
서성이던 소리들이 달려와서
귓가에서 엉엉 울음을 터뜨린다.

산속에서도 편할 날이 없다.

눈감고 귀 막으며 위험한 산길을

가까스로 내려왔다.

<1987>

풀잎처럼

어디고 없이 마냥 퍼져가는
저것들이 마침내 분노를 터뜨릴 때
꺼이꺼이 울부짖을 때
산들도 팔을 벌려 안아주는 사랑.

슬픔이 그렇게 발을 맞춰
이 땅의 구석구석을 맴돌 때
풀잎들은 모두 어울려 초원을 만들고
모든 것을 용서하기 위해
몸들을 뒤튼다.

바람이 불어도 흔들리지 않고
이글이글 태양이 타올라도
끝내 눈을 감고시 홀로 밝히는
슬픔이여

이제는 떠나다오.

홀로 지새고 싶은 이 밤을
떠나다오 이제는.
황량한 이 가슴팍을 떠나다오.

풀잎처럼 서서
밤낮을 앉지도 않고
죽을 때까지 함성으로 서서
이 땅을 지켜서서
나 이렇게 꼿꼿이 서서
한점 아스라한 구름을 머리에 이고
못다 부른 노래 부르리라.

어디고 없이 마냥 퍼져가는
저것들이 다시 모여 초원을 만들고
숲을 만들어 산속에 포근히
안길 때까지
노래 부르리라.   <1987>

가 을 엔

나름대로의 길
가을엔 나름대로 돌아가게 하라.
곱게 물든 단풍잎 사이로
가을바람 물들며 지나가듯
지상의 모든 것들 돌아가게 하라.

지난 여름엔 유난히도 슬펐어라
폭우와 태풍이 우리들에게 시련을 안겼어도
저 높푸른 하늘을 우러러보라.
누가 저처럼 영롱한 구슬을 뿌렸는가.
누가 마음들을 모조리 쏟아 펼쳤는가.

가을엔 헤어지지 말고 포옹하라.
열매들이 낙엽들이 나뭇가지를 떠남은
이별이 아니라 대지와의 만남이어라.
겨울과의 만남이어라.
봄을 잉태하기 위한 만남이어라.

나름대로의 길

가을엔 나름대로 떠나게 하라.

단풍물 온몸에 들이며

목소리까지도 마음까지도 물들이며

떠나게 하라.

다시 돌아오게, 돌아와 만나는 기쁨을 위해

우리 모두 돌아가고 떠나가고

다시 돌아오고 만나는 날까지

책장을 넘기거나, 그리운 이들에게

편지를 띄우거나

아예 눈을 감고 침묵을 하라.

자연이여, 인간이여, 우리 모두여.

<1987>

꽃 속에서

누가 누구를 미워하리
어느 것 하나라도 버릴 수 없고
어느 모습 하나도 놓칠 수 없는
절정에서 취해 취해
몸살을 앓는 나는
사랑할 수밖에 없는 노릇이어서

쓰러지고 일어나며
두근거리는 가슴 고이 간직
나 여기까지 와서 비틀거리는구나

온통 시샘하는 이것들 속에서
향기는 향기끼리 붙어
온 세상은 춤으로 출렁이고
온갖 자태를 뽐내며
꽃잎들은 다투어
온 세상을 밝히는구나

나 여기 기대어
순간이 순간을 낳고
틈새는 틈새를 만들어내는
위대한 순간에 기대어
영원 속에 내 말들을 흩뿌리리라

푸른 하늘로 얼굴 가려
춤이나 한껏 추고 나면
이 몸 향내나는
폭죽으로 터질까

꽃 속에 터진 말
하늘까지 사무칠까

<1987>

겨 울 꽃

어느 시인은 '겨울에도 피는 꽃나무'를 노래했었습니다.
나도 겨울꽃을 노래하렵니다.

눈보라 속에 자식처럼 매달고 있는
겨울 나무 끝의 雪花를 보신 적이 있겠죠?
슬픔의 덩어리치고는 너무나 희디흽니다.
정열의 덩어리치고는 너무나 싸늘합니다.
봄을 잉태한 산모치고는 너무나 배가 고요합니다.

한아름씩 꺾어서 서울 시민에게
훈장처럼 달아주고 싶습니다만
가까이 가면 미리 알고
산산이 흩어져서 꽃잎도 없이
어디론가 숨어버립니다.

인간의 가슴에 매달리기 싫다고 합니다.
저렇게 저렇게들 끼리끼리

하이얗게 겨우내 피어 있다가
새봄이 되면 느닷없는 함성으로
온 천지로 흩날리겠답니다.

겨울꽃이 내 영혼이라면
나는 여러분 앞에서
아낌없이 부서질 것입니다.

<1987>

谷城으로 띄우는 편지

사람들, 곡성 사람들
고집이 바윗덩어리보다 더 센 사람들.
오늘도 높푸른 하늘 믿고
파도 파도 자갈뿐인 땅을 파면서도
압록강*보다 푸른 마음 넘실대며
사람들, 형제간인 곡성 사람들
곡성땅을 잘 지키고 계시는지.

죽곡면 원달리 동리산 태안사에서 태어나
광주를 거쳐 풀씨처럼 떠돌다
서울의 한 귀퉁이에서
옥천 조가 조태일은 이 글월 올립니다.
일제하 5년을 겪고 여순사건을 겪으면서도
태안사에서 동계국민학교까지 걸어다니던 시절이
오늘까지 한시도 잊혀지지 않습니다.
그 많던 산짐승들도 다 무사한지 궁금하고요.

살아 남기 위해서 새벽 압록강을 건너
광주로 피난하던 시절
뒤를 돌아보며 곡성의 산천을 모두
눈 속에 가슴 속에 담았었죠.

사람들, 곡성 사람들
마음 굳기로 대나무인들 따르겠소?
마음 너그럽기로 아침 햇살인들 따르겠소?

40년을 풀씨처럼 떠돌다
오늘 문득 곡성을 떠올리니
눈물보다 앞서 가슴 먼저 터져오네요
이 풍파 속에서 눈을 뜨면 먼저 곡성을 생각하고
잠자리에 들 때도
포근하고 아늑한 곡성땅에서 잠을 이룹니다.
시를 쓸 때도, 서울 거리를 누빌 때도
竹谷의 대나무처럼 꼿꼿이 생각하고

꼿꼿이 걸어다닌답니다.

곡성이여, 청청하라, 기름져라

영원하라, 고집 세우라.

〈1987〉

＊ 압록강은 보성강이라고도 하는데 내가 태어난 태안사
  가는 도중에 있다. 그런데 그 강이름이 북쪽의 압록강
  과 같다.

풀씨에서 백두산까지

드러누워도 엎드려도 보인다
눈감아도 보인다
밤낮없이 보인다.

풀씨에서 백두산까지
백두산에서 풀씨까지
그 거리도 그 크기도
우리들 눈으로 들어와서는
한몸으로 껴안는다.

작은 마음 큰 마음
한마음으로 어우러져
풀씨의 마음 백두산의 마음
작은 가락 큰 가락
한가락으로 춤판 벌여
풀씨의 가락 백두산의 가락 !

이 땅 눈곱만해서

이 백성 갈라져서

큰 정신 큰 문학 없다 푸념하며

누가 돌아서는가

주저앉는가

입 다무는가

저놈의 꼬락서니 !

실개천은 강에서 모인다

강은 바다에서 모인다

함께 밀리면서 끝내 밀며 나아간다

수평선을 무너뜨리며

나아간다.

티끌은 낮은 데서 모인다

낮은 데서 높아간다

함께 높아가면서 끝내 태산이 된다

하늘을 찌르며
높아간다.

실개천이여
티끌이여
풀씨여
산이여
하늘이여

우리 한 품안에
하나 되어
한 마음 열 마음 되어
열 마음 한 마음 되어

어디고 없이
언제나 없이
풀씨들의 마음에 가득 차는 백두산

백두산의 가슴에 어리는 풀씨들.

드러누워도 눈감아도 밤낮없이 보인다.

<1987>

고개에서 배우다

學峴 邊衡尹선생님 화갑에

때로는 쉬어가리
산을 오르면서 쉬어가듯
때로는 오순도순 모여
세상만사 끌어내어
민주적으로 자주적으로 개성적으로
땀을 식히며 쉬어가리.

흐르는 구름도 잠시 머물다 가는 곳.
푸른 하늘은 이 고개 위에서 더욱 푸르르고
바람도 이 고개 위에서는 부드러운 솜털로 바뀌는
항상 새로운 곳, 새롭게 태어나는 곳
날짐승들도 이 고개 위를 그냥 지나치지 않는다.

때로는 악을 쓰리라.
가쁜 숨 몰아쉬며
신천지를 바라보며 야호！ 야호！ 야아잇！ 야아잇！
목청을 돋우리라

목이 마르면 천씨씨 몇 잔으로 목을 축이고
잠든 산하를 깨워 일으키리라.

때로는 침묵으로 앉아 있으리라.
그러나 바위로는 있지 않으리라.
살아 숨쉬는 침묵으로 잠시 앉아 있으리라.
야호! 야호! 야아잇! 야아잇 소리
이 땅 구석구석을 메아리쳐 되돌아올 때
우리는 다시 일어나 터벅터벅 이 고개를 오르리라.

항상 끝없는 고개
높이가 보이지 않는 고개
다수운 고개, 영원한 고개
이 고개 위에서 세상만사 바르게 배우리라.
인간 살아가는 일 바르게 곧게 배우리라.

〈1987〉

제 2 부

꼭 설명해야 알겠나?

國土 48

채광석의 1주기 추모 모임을 곁들여
그의 유작전집 출판기념회가 열리던 날
1988년 7월 16일,
피곤한 새벽을 가르며
한겨레신문이
비에 흠뻑 젖어 날아왔다.

이제 기지개를 켜면서
춤판을 벌이려는 활자들을 헤저으면서
물을 떠난 못생긴 웬놈의 낙지 한 마리가
우리 한겨레 위에다가 검은 칠판을 걸어놓고
기를 꺾어 죽이듯
각인하듯 큼직한 숫자로
셈본을 해보이고 있었다.

$$5+6=11$$
$$11÷2=5.5$$

칠판 왼쪽엔 흰 빛깔의 지우개가 얌전히 놓여 있지만
빠른 세월엔 움직일 것 같지 않고
무슨 영문인지 한 다리는 잘려진 채
심기가 불편한 듯 민둥머리로
잔뜩 답답하다며 내민 입술로
"꼭 설명해야 알겠나?"며

사람인 우리들에게 셈본을 해보이지만
우리들은 필기도 잊은 채
키들키들 웃고만 있었다.

<1988>

서울을 거닐며

국土 49

온갖 성명들이 난무하는
서울을 걷는다.
닳고 닳아 단단한 발바닥을
내 땅에 포개며 흐느적흐느적 걷는다.
아니 겁 많고
순한 사슴의 걸음으로 걷는다.

그 소문이 그 소문인 숲을 헤치며
이 거짓의 거리를
이 분단의 거리를 뚜벅뚜벅 걷는다.

어디로 갔는가
어디에 있는가

불붙는 갈증에 불볕을 퍼부으며
빽빽한 빌딩숲 아래
축 늘어진 아스팔트길을 걷는다.

허름한 뒷골목을 걷는다.

내리막길을 내리며
오르막길을 오르며
누구를 탓하리

저기 있는 통일인데
저기 있는 통일인데.

<1988>

저승분들께

國土 50

오늘 이곳 저희들은
오늘도 이냥저냥 지내면서
부끄럼 하나만은 하늘만큼 키웠기에
두서너 잎사귀로 어찌 가리리요.

그리움은 타올라도
하늘 끝까지는 닿지 못하고
캄캄한 절벽만 더욱 깊어가고요.

오늘도 저희들은
쓸데없는 말만 지껄이고
글을 쓰면서
이승과 저승의 거리만 넓힙니다요.

〈1988〉

46

들판을 지나며

國土 51

들판을 나서보면 안다.
우리네 산천이 그러하듯
우리네 형제 몸뚱어리
구불구불 정겹게 구부러졌구나
여유 있구나.

맨발로 땅을 디뎌보면 안다.
우리네 땅심이 그러하듯
우리네 꺾여진 허리
뚜두둑 뚜두둑 뚝심으로 세우는구나.

어찌 한판 춤이 없으랴
얼싸절싸 구부러진 산천이 요동 친다.
뼈마디 모두 세워 춤을 추자.
지평선이 없는 우리네 땅에서
주저할 것 없이 춤을 추자.

<1988>

강가에서

國土 52

귀를 세워 기울여도
말문을 열지 않는다.
동으로 서로
남으로 북으로
서로 엉켜 흐르면서
끝내 소리내지 않는다.

오직 흐르고 흐르면서
갈대꽃이나 억새풀을 거느리며
두려움 없이 낮은 데로 낮은 데로
몸을 낮춘다.

모든 노랫소리 울음소리 웃음소리
제 자식인 양 껴안고
온 국토를 적시며
동서로 남북으로 가로지르며
해가 뜨나 달이 뜨나

눈붙이지 않고 뜬눈으로 !

우리네 몸속의 굽이굽이마다 흐른다.

핏줄이여

땅굴이면 어떻고 산맥이면 어떻고

산속이면 어떻고 뼛속이면 어떠랴.

<1988>

우리들의 노래

國土 53

두들기세 열어보세
문 그리 굳게 닫혔어도 형제들이여
이 마음 그 마음 저 마음
우리의 마음 우리가 열어
열리는 곳 바로 거기에
행복한 모습 있을지니
그것이 우리의 꿈 아니더냐
그럴시고 그럴시고.

나아가세 이르세
고개 그리 험코 높다 해도 형제들이여
이 고개 그 고개 저 고개
우리의 고개 우리가 넘어
이르는 곳 바로 거기에
건강한 삶 있을지니
그곳이 우리의 터전 아니더냐
그럴시고 그럴시고.

두들기며 나아가세 나아가며 이룩하세

이 마음 이 고개 열고 넘어

우리의 길 우리가 걸어

불타는 가슴 가슴 멀리 비추면

이 꽃 저 꽃도 함께 한껏 피어서

열매를 맺을지니 형제들이여

이것이 우리의 할일 아니더냐

그럴시고 그럴시고.

〈1988〉

어머니의 처녀 적

國土 54

어머니는 처녀 적부터
일본사람이 경영하는
생사공장의 여공이었다

누에가 걸쳤던 새하얀 비단실 뽑아 올리면
펄펄 끓는 물 위에
기름 번지르르한 노오란 번데기가
다투어 둥둥 떠올랐다

해는 왜 그리 길고
배는 왜 그리 고픈가
현장감독의 눈을 피해 졸고
졸면서 번데기로 배를 채웠다

힘없어 애 못 낳는 여자
한 말만 먹으면 애를 낳고 만다는
그 번데기 때문인지

열일곱에 서른다섯 노총각 스님에게
업혀 와서 칠남매를 낳으신 후에도
어머님은 생사공장의 여공이었다
6·25가 끝난 한참 후에까지.

<1988>

누이동생

國土 55

한 누이는 사십이 넘었고
내일 모레 사십이 될 막내둥이를
오빠가 업어서 키웠다

뜨물을 끓여 당원을 타서 먹이고
성당에서 주는 강냉이죽을 얻어다 먹였다
칭얼대는 누이를 등에 업고
십리길도 넘는 생사공장까지 가서
어머니의 젖을 먹여
광주천을 따라 집으로 돌아오는 길

등에 얹힌 누이동생은 오줌싸개 !
꼬집으며 울리며 혹은 내팽개쳐놓고
한참 가다가 그래도 누이인걸
버리면 쓰겠느냐 되돌아와
오냐오냐 얼러서 다시 업고
아무 일 없었던 양 터벅터벅 걷는 길

어머니가 쥐어준 그 노오란 번데기를
등뒤의 누이동생에게도 씹어 물리며
나도 씹었다

울어싸며 칭얼대며
오줌을 잘도 싸던 두 누이동생은
이제는 삼남매의 튼튼한 에미들이 되었다.

<1988>

다리 밑의 왕자

國土: 56

간밤에 큰비가 오면
어머니는 잠을 못 이뤘다
간밤에 큰눈이 오면
어머니는 몸을 뒤척였다

우리 칠남매의 꽁보리밥을
한 순갈씩 공평하게 퍼서 아침이면
광천동 다리 밑의 그 거지를 찾았다

수족을 잘 쓰지 못한 채
빼꼼한 눈만을 껌벅이는 그 왕자를
누가 버렸나 우리의 땅에서

생사공장에서 귀가할 때마다
누이동생 업고 마중가다가
나는 보았다

어렵사리 들고 나온 번데기 한 움큼

그 왕자에게 주는 것을

걱정 많아 보이는 어머니의 전체를.

<1988>

산   일

國土 57

우리 어머니는
틈만 나면 사시사철
곡성의 선영을 찾는다

이승의 사람들 잠깐 멀리하고
저승의 사람들과 만나는 일 즐거운 일
콩도 심고 깨도 심고 고추도 심고
삼베수건으로 땀 닦으며
남편의 무덤 시부모의 무덤
증조부의 무덤
당신이 잠들 빈 무덤도 찬찬히 손보신다

늦가을이 되면
참기름 들깨기름 짜고
메주 쑤고 고춧가루 빻아서
팔도에 뿌리내린 칠남매와
거기 주렁주렁 달린 손주 앞에 내려놓는다

(……죄짓지 말고 건강하게 살아라.

태일이 너 술 좀 덜 마시고 저녁엔

일찍일찍 들어오너라 잉, 알겠재 ?)

<1988>

깻잎쌈을 싸며

팔순이 눈앞인데
어머님은
부지런하시다

삼라만상이
쉴새없이 움직이듯,
세상도 넓고 세월도 많다시며
광주에서 대구로 또 어디를 다니시다가
꼬부랑허리로 궂은 하늘
가까스로 달래며 받치며 오셨다

손자, 며느리, 손녀, 차남
밥상머리에 제 편한 대로 섞어 앉히고
깻잎무침, 깻잎부침이, 깻잎쌈 먹으라며
느릿느릿 말씀하신다

……노는 땅 있어서는 안되느니라. 임자가 있건 없건,

누가 거두어 가건 말건 빈땅엔 씨뿌려 사람들 먹게 해
야 하느니라. 이 깻잎들은 얼마전 상경했을 때 양재동
지나다 묵힌 땅이 눈에 들어 씨 뿌려놓았는데 어제 가
보니 잡초 속에서도 이처럼 자랐더라. 알겠제?

　어느덧 쌉싸롬 상긋한 향기가
　오월의 시민군보다도 더 너그럽게 내 숙취를 털어낸다
　오월의 계엄군보다도 더 무자비했던 내 생활을 내
생각들을.

<1988>

나무들에게

國土 59

앉을 줄을 모르는가
누울 줄을 모르는가
잠을 잘 줄을 모르는가
노래부를 줄을 모르는가
태어나서 죽을 때까지 !
서 있기만 하는가

무슨 꿈을 이루려
푸르름으로만 있는가
서 있는 침묵이여 침묵들이여

말하고자 할 때도 노래하고자 할 때도
새들을 불러 무슨 뜻인지도 모르게
지저귀게 하고 울부짖게 하고
움직이려 할 때도 몸부림치려 할 때도
바람들을 불러 무슨 동작인지도 모르게
몸만 맡기고 한 발짝도 내딛지 못하는

아아 울고자 할 때도

하늘을 불러 흐느끼게 하는가

밤새 뒤척이다가

아침엔 겨우 이슬방울을 보이는가

나무들이여

이젠 어서어서

앉아라 누워라 잠자라

일어나라 노래하라 말하라

걸어가라

걸어가라

침묵이여.

<1988>

광주의 하늘

國土 60

서울서도 보인다.
서서도 앉아서도 누워서도
날이 흐릴 때도
개일 때도
서울의 하늘과 포개져
광주의 하늘은 보인다.

무등산도
망월동도
팔순이 가까운 어머님이 계시는
광천동도
착한 친구들의 모습도
변함없는 그들의 마음도 보인다

정치가 막힐 때
시가 안 써질 때
술을 마시고 싶을 때

어김없이 서울까지 흘러와

나의 전신을 휘감는다.

광주의 하늘은.

〈1988〉

들판을 거닐며

언제나 다투지 않는
이 벌판을 거닐면 나는
금방 침묵의 덩어리가 된다.

두고 온 집들도
지껄이며 지내던 내 이웃들도
어느덧 나를 따라와
침묵으로 걷는다.

보아라
타는 노을 이글대는 하늘 밑에서
오곡백과는 머리를 숙여 말이 없다.
거친 풀잎들도 몸만 흔들 뿐
뿌리 깊이 내려 말이 없다.

내가 밟는 이 들판은
비가 와도 눈이 와도

바람이 불어도 언제나 누워서
우리들을 걷게 할 뿐
탓하지 않는다.

총칼을 거두자
침묵 앞에 입을 다물자
우리 들판을 거닐며.

<1988>

편   지

國上: 62

나뭇잎이 흔들린다.
하늘 받쳐 푸르기가 힘겨운가보다.
오늘도 흐르는 세월을
그 누가 붙들 수 있는가
흔들리면서 영원의 끝까지 흔들리면서
그 누가 붙들 수 있는가

나뭇잎이 떨어진다
허공 속에서 몸부림치다가
사람의 눈에 띄지 않게
저 혼자서 떨어진다.

나뭇잎에 편지를 쓴다.
흙을 묻혀 돌멩이로 투박하게 쓴다.
두근거리는 가슴으로 쓴다.
오갈 데 없는 사연은 뜨겁구나.
받을 사람이 없는 글은

하늘처럼 철철 나뭇잎에 넘쳐나고
눈이 시려 눈감고 쓴다.

오늘도 서울 거리의 가로수들은
안녕하지 않고
끝없이 흔들리면서
사방팔방으로 편지를 써 띄운다.

〈1988〉

하늘을 보며 땅을 보며

國土 63

나는 생각한다
대낮에 살아 움직이는 모든 것들과
그들을 살게 한, 죽어서
그 자리에 박혀 있는 모든 것들을.

나는 생각한다
밤중에 살아 있는 별들과 달과
그들을 살게 한, 죽어서
캄캄히 걸려 있는 하늘을
지상에 잠자는 모든 것들을.

나는 생각한다
대낮에 살게
죽어 캄캄한 밤하늘을
별빛과 달빛이 살게
저리 순하게 잠자는
지상의 모든 것들을.

나는 생각한다

내가 지금 저들처럼 살아보지도

죽어보지도 못했지만

마음만은 저들처럼이고자……

하늘을 보며 땅을 보며.

<1988>

오두막집

國土 64

다투며 치장하는 단풍잎들 위로
높다라니 하늘하늘 하늘이 걸려 있고
가을 가슴 깊숙히 파고들며
온갖 잡새들 노래한다.
온갖 풀벌레들 노래한다.
서로 견주며 여름을 노래한다.

쉴새없이 물은 흐르고
세월도 따라 흐른다.
고일 데 없어 마음도 넘쳐 흐를 때

생명을 지닌 모든 것들
생명을 버린 모든 것들

그 찬란한 외로움 끝에다가
포근한 겨울잠을 찾아
까슬한 오두막집을 짓는다.

노래하는 모든 것들 곁에다

잠자리를 찾는 모든 것들 곁에다

나도 노래하는 오두막집을 짓는다.

당신들도 당신들의 오두막집을 짓는다.

<1988>

제 3 부

연 희 동

國土 65

낙엽이 내린다.
적막강산 위에 한처럼 내려 쌓인다.
매섭게 매섭게 내린다.

낙엽이 내린다.
넘어가지 않는 책장 위에
잠자는 할머니의 팍팍한 가슴 위에
오천년 만의 성난 파도처럼
죽은 소리 다시 살리며
악악 악을 쓰며

낙엽이 내린다.
공수부대의 베레모가 내린다.
대한민국의 연희동 위에
연희동의 골목 위에
연희궁의 지붕 위에 뜰 위에
캄캄한 둘만의 침실 위에

낙엽이 내린다.

오월의, 카알기의, 의령의, 제주도의,

아웅산의 떼주검들이 열사들이

눈 부릅뜨고 의문처럼

? ? ? ? ? ? ? ? ? ? ? ? ?처럼

낙하하는 낙하산처럼

당당히 내린다.

<1988>

낙엽 속에 묻히다

國土 66

웬일인지 오늘은

하늘을 날 것 같은 기분이 들어서
몸에 나쁘다는 담배를 연신 빨아대며
낙엽이 많이 떨어지는 곳을 찾았다.

줄곧 나를 실망시키던 정치를 버리고
서성거리는 이웃들의 곁을 떠나
그러니까 생활을 버리고
이별을 찾아 여기까지 왔다.

나무들은 조용조용
울긋불긋 치장시켜 잎새들을 풀어놓는다.
철이 덜 든 자식들을 떠나보내듯
그러나 떨고 있을 뿐
흐느끼지 않는다.

대변인들의 말을 신용하지 않는 듯
하늘 아래 낙엽들은 허공에
잠시 머물렀다가 떨어질 때,
나의 몸은 오그라들고 괜히 부끄러워
마른 손바닥으로 얼굴을 감싸고
낙엽과 함께 얼굴을 묻었다.

가을 깊숙이 파고들수록
하늘을 날기는커녕
땅속 깊이 내 마음을 묻을 수밖에.

낙엽과 내가 한몸으로 포옹할 때
생활과 내가 그렇게 이별할 때
가을은 인간을 정치를
한 잎의 낙엽으로 만들었다.

<1988>

어둠 속을 거닐며

國上: 67

칠흑의 어둠이다.

깃발을 높이 들고

별 하나 깜박여주지 않는 밤하늘 이고

시인은 터벅터벅 밤길을 간다.

생포하자

생포하자

종일 귀청을 때리던

아우성 아우성을 따라간다.

자식들 주렁주렁 달고

캄캄 산마루를 넘던 어머니를 떠올리며

두렵지 않은 가슴은 간다.

내가 썼던 시들을 모조리 앞세우며,

어둠을 더욱 무섭게 하던

짐승을 잡으러

시인은 간다.   <1988>

산꼭대기에 올라

산꼭대기에 올라본 사람은 안다
설레임으로 바라보는 그곳이
캄캄 절벽이어서 별들이 뜨고
망망한 바다여서 일엽편주가 뜨고
평원이어서 눈 닿을 데가 없는
그것이 바로 죽음이라는 것을

산을 오르는 동안의 악전고투도
까맣게 잊어버리고
다만 그곳을 찾아
삼백예순다섯 날……
십년이고 거듭 몇십년이고 평생을
오르고 보면 어느덧 거기가
저승! 저승인 것을

마음을 밑바닥까지 비우고
육신을 탈탈 비워본 사람은 안다.

누가 누구를 감히 지배하고
누가 누구를 감히 사랑하는가를

한 몸으로 건다가
한 몸이 누울 자리를 찾아
한 몸이 누울 때, 그 누구들은
다 한몸인 우리들인 것을.

그래서 우리들은 안다.
이승에서
독재자는 독재자의 모습으로 죽고
폭력자는 폭력자의 모습으로 죽고
평화주의자는 평화주의자의 모습으로 죽고
부자는 부자의 모습으로
빈자는 빈자의 모습으로
시인은 시인의 모습으로
이승에 정지된 육체를 두고

모두 함께 이승을 떠나는 시간

두려움과 함께 고통과 함께
기쁨과 함께 웃음과 함께
마주치는 저승의 초입은
서울의 러쉬아워와 같다는 것을

그런데 그런데
"넋이여, 그 나라의 무덤은 평안한가?"*

<1988>

* 김현승님의 시구절임.

雲 住 寺

國土 69

雲住寺는 運舟寺라고도 쓰지만
말로는 그냥 운주사.

그곳을 찾아갔다
눈보라를 뚫고
전남 화순군 도암면 천불협곡을
대설주의보가 기특하게 맞던 날.

못생긴 우리들을 맞았다
역시 못생긴 천불 천탑이
서서 앉아서 누워서
땅 위에서 땅속에서

떨어져나간 콧자국으로
외짝 팔로 외짝 다리로
일그러진 눈으로 입으로.

팔다 남은 작품들일 거라는, 혹은
견습 석공들의 실습품일 거라는
농담도 미륵세계의 꿈도
한데 어우러져
오로지 정만을 쏟아내고 있었다.
운주사 ! 운주사 !

<1988>

새 벽 녘

國土 70

새벽 한시
가부좌를 하고 앉아
냉수 한 사발을 꿀꺽꿀꺽 들이켠다
어젯밤의 흉몽을 말끔히 씻어내며
은하수 한 개비를 피운다.

자욱한 안개가 눈을 부비며
창을 핥으며 기어다닐 때
광주의 어머니가 서울을 향해
새벽 기침을 하시고,
6·25 직후에 세상을 뜨신 아버지가
목탁소리를 지붕 위에 흩뿌린다.

개 짖는 소리도 얼어붙은 골목길을 거쳐
저녁내 쌓인 눈을 밟으며
나는 어디로 가는가.
곤히 잠든 자식들과 아내를 두고

신새벽 나는 무엇을 만나러 가는가.

내가 썼던 수백 편의 시를 찾아
내가 써야 할 수천 편의 시를 찾아가는
새벽녘 발걸음이 무겁다.

〈1989〉

소문에 따르면

國土 71

이 겨울에
나누어줄 것 다 나누어주고
맨몸으로 이 밤을 떨며 지새운다고
세상의 나무들은 그렇게 떨고 있다고
소문에 따르면 그렇다고
별빛 별빛들이 뜬눈으로 쏟아진다.

이 더디게 더디게 가는 밤,
떨고 있는 것이 나무들뿐이랴.
세상의 사람들 다 떨고
백담사도 덩어리째로 떤다더라.
가진 것도 없고 나누어줄 것도 없다고
떤다더라. 산들이
옹기종기 전경처럼 꽉 붙어 막고 있어도
세찬 바람은
내외의 이불 속을 들썩인다더라.

소문에 따르면 그렇다고

달빛이 무더기로 쏟아진다.

하지만, 이 떨림이 먼데만 있다더냐.

며칠째 편지를 쓰면서

내 주위의 시인도 떨고 있다더라.

하지만, 한 줄도 쓰지 못하고

머리만 쥐어짜며

새벽까지 새벽까지 북녘을 향해.

<1989>

하늘은 만원이다

國土 72

늘 하늘 우러러보아라
밤낮없이 만원인 저 지옥을 보아라
지상이 그리워
달도 별들도 뜬눈으로 지새는도다
지상 궁금하여
태양도 온종일 몸 태우며 떠 있구나.

늘 이 땅을 굽어보아라
밤낮없이 비어 있는 이 천당을 보아라.
채우는 일 재미있어
들풀도 짐승들도 서로 섞어 춤추는도다.

채우는 일 재미있어
하늘도 우리들 눈 속에 가득하고
부정도 가득하고 새마을도 가득하고
문인들도 원고지 채우듯
세상의 일 글로써 채우는도다.

하늘은 만원이고

땅은 비어서 이 세상

냉수 한 사발로도 충만하구나.

<1989>

김 수 영

國土 73

세월이 제아무리 흘러도
그 이름 늘 우리 곁에 있다.
정치가 멈춰도 그 이름 김수영.

생전에 그랬듯이, 큰 눈 쉴새없이
명동 무교동 도봉 기슭 한라나 백두에서 두리번.
생전에 그랬듯이 입 열어 모기소리로
내리쏟는 폭포 소리 만든다.
깨알을 대포알보다 더 큰 형상으로
지구보다 더 우람한 덩치로 만든다.
거침없이 보고 지체없이 움직인다.
그래, 우리 이웃 우리 땅에서
마침내 큰 사랑 되어 가득하구나.
눕는 풀 일어서는 풀 칼날 되어
우리를 일깨우고 소나기 되고 햇빛 되어 눈보라 되
는구나.

오늘도 우리와 함께 노래부르는 스승,

아니 선배 친구 되어 세월과 함께 흐르는 김수영,

생전에 그랬듯이 큰 눈 두리번거리며

입을 열어 노래하는구나.

이 척박한 땅에서 김수영 그 사람.

<1989>

다시 사월에

國土 74

참 희한한 일이다.
이 강산에 태어난 지 삼십년이나 되었는데
그대 보이지 않고
그대 말하지 않고
그대 정처도 없이
지금껏 어디서 떠돌고 있는가

강산이 변해도
세번쯤은 능히 변했을 세월만
안타깝게 흘러가버렸는가.
그 세월 동안
퇴보와 변절과 절망만 커져왔는가.
아니 새로운 시대는 없고
묵은 시대만 첩첩산중처럼 쌓이는가.

그대 사월,
눈보라만큼 물보라만큼 비보라만큼

드세고 넉넉함이 한량없던 사랑,
꽃보라 피보라 함성보라 총칼보라 속에서
그대 태어나 이 강산에 스며들었나니

그대 이제 나타나서
그대 모습 하늘만큼 큰 모습으로
나타나 말하라

이 적막강산이 다시 꿈틀거리는 때
이 삭막한 가슴이 다시 들끓는 때
희한하게 나타나 말하라.
그대 사월

〈1989〉

흰눈들이 하는 말

國土 75

흰눈들이 중얼중얼대며 내린다.
쉴새없이 내리고
내리고 또 내린다.

황톳빛 덮으며
아니 온 세상의 빛깔을 덮으며 내린다.
겁도 없이 내린다.

아직껏 원혼들은 구천을 떠돈다며
이런 소식 지상에 퍼뜨리겠다며
망월동에 하염없이 내린다.
무등산 품안에도 내린다.

온몸을 몸째로 펄럭이며
산 위에 들판 위에
그러니까 이 땅의 어디에도 내린다.
한라산에도 백두산에도

휴전선에도 내린다.

모든 경계선을 가차없이 지우며
마음과 마음 사이의 경계선까지도 지우며
내리고 또 내린다.

죽은 자들과 산 자들
누워 있는 자들과 걸어다니는 자들
구별없이
내릴 곳을 가리지 않고
바삐바삐 내린다.

장독 위에도 마구간 위에도
내리고 또 내리고
그저 한량없이 내린다.

흰눈들이 구시렁구시렁대며 내린다.

지상의 모든 것들

눈뜨라 눈뜨라고 귀 열어라 귀 열어라고

입다물며 차가운 몸으로

내리고 또 내린다.

<1989>

光州에 와서

國土: 76

한 삼십년을 서울서 떠돌다가
뿌리를 거의 내리다가
일국의 시인이 교수가 되어서 광주에 왔다.
시를 쓰는 더운 가슴으로
시를 외쳐대는 꼿꼿한 몸으로
광주에 와서 먼저
무등산에 큰절을 올렸다.
망월동에 홀로 찾아가서 큰절을 올렸다.
금남로도 충장로도 유동도 계림동도
그 이름도 반짝이는 광천동에도
큰절을 한없이 한없이 올렸다.
당분간 술을 줄이며
큰절로써 나의 떠돌이를 청산하리다.
어린애 마음으로 꽃들을 사랑하고
청년의 마음으로 광주의 흙내음을 맡고
중년의 마음으로 국토를 껴안고
쉬지 않는 노래로 모든 것을 사랑하리라.
광주에 와서.   〈1989〉

99

산 위에서

國土 77

이웃들이 아직 몸을 세우지 않았을 때
나는 몸을 일으켜
어둠이 엷게 깔린 새벽을 밟으며
산 위에 올랐다.

봉곳이 솟아 앉아 있는
무덤, 무덤 곁을 지나
숲을 지나,
날짐승의 깃털을 지나
꼭대기로 꼭대기로 올랐다.

아직도 잠들어 있는
도시의 집들을 향해
야호! 야호! 깨어나라! 춤을 춰라!
소리쳐보지만

그냥 누워 있는 무덤들이다.
천길 깊이 떠도는 침묵들이다.   <1989>

무 등 산

國土 78

고향을 떠나본 사람은 알리라.
고향을 떠나 떠도는 사람은 알리라.

세상살이 아무리 고달플지라도
도무지 앞이 안 보여 캄캄 내일일지라도
눈감으면 둥둥 떠오르는
저 우람하고 찬란한 사랑을.
천년 만년이고 온갖 시름 삭여
빛고을 오늘까지 지켜서
세상만사 열어주는 침묵을.

착한 사람 더욱 착하게 하고
용맹한 사람 더욱 용맹케 하고
부끄런 사람 더욱 부끄럽게 하는
어머니 같은 어머니 같은
저 무등을 바라보면
고향을 떠나본 사람은 알리라.

온갖 사연들을 끌어 모아 품고
하늘을 떠도는 원혼들도 모아 품고
넉넉함으로 그 한량없는 깊음으로
밤이면 밤마다 서걱이는 풀잎과 함께
보라, 아침을 틔워 온누리에 뿌리고
보라, 정의를 세워 온누리에 밝히는
보라, 믿음을 닦아 온누리에 비추는
저 태연하고 육중한 모습을.

고향을 지키는 사람은 알리라.
고향을 다시 찾은 사람은 알리라.

없는 듯 있고
있는 듯 없는
너무 작아서 보이지 않는 마음들을
너무 커서 보이지 않는 마음들을

저리도 또렷하게 뭉쳐서
망월동 밤하늘에 걸쳐놓은 뜻을.
온 우주의 깊디깊은 하늘에 걸쳐놓은 뜻을.

무등산.
무등산.
그대는 어제도 오늘도 내일도
이 세상의 사랑이고
이 세상의 어머니임을.

<1989>

유월이 오면

國土: 79

그냥 눈감고 있을 일인가.
허기진 배를 달래며
서로의 눈동자 위에 눈동자를 포개며
멀리 가까이서 산천을 후벼파던
포성과 따발총소리를 듣던
유월이 오면.

그러면
그냥 눈뜨고 있을 일인가.
푸른 향기에 취해 눈부셔
우리들의 땅을 바라볼 수 없을진대
유월이 오면.

그래서
그냥 눈뜨거나 눈감거나
나는 사월을 거쳐 오월을 거쳐
유월이 오고 칠월이 오더라도

사월에 떠난 사람

오월에 떠난 사람들을 위해

뜬 눈도 감는 눈도 아닌 채로

푸르름으로 깨어 있겠다.

<1989>

청산이 울거든

國土 80

청산이 울거든,
그렇게 엎드려 울거든
이제 돌아와 마음들 모조리 비우고
함께 우리 엎드려 울자

흩어졌던 사람들아
시간은 흘러 오늘을 지나
앞을 향해 뚜벅뚜벅 걸어가는구나

시간을 붙들 수 없어
땅은 땅대로 풀잎은 풀잎들 따로 울다가
이제 어우러져 함께 우는구나

그 모습 그 소리
우리들 빈마음에
달덩이 되어 솟아오르는구나

청산이 운다

어서 돌아와 돌아와 울자구나.

<1990>

제 4 부

구십년대식 말

나아갈 것들은 나아가고
그냥 앉아 있을 것들은 앉아 있으라고?

합칠 사람은 합치고
헤어질 사람은 헤어지자고?

살 사람은 살고
죽을 사람은 죽으라고?

얼어붙은 마을에선
말도 얼어붙어 인정머리가 없구나.
잘났어, 정말!

떠나라.

조국을 사랑한다고?
타협의 시대가 왔다고?

산천초목도 구역질하는
시대가 왔구랴.

예언 한마디.
"시대가 미쳤으니
미친 사람 곧 눈을 감으리"

<1990>

그래도 봄은 오는가

오는 봄은 오는 길이
높으나 낮으나 탓하지 않고
다만 몸을 낮추며 온다.
그렇게 수선을 피우지 않고도
그렇게 무차별 합궁하지 않고도
이렇게 많은 생명을 일깨우며 온다.

오는 봄은 오는 길이
더디나 빠르나 서두르지 않고
다만 당당하게 온다.
그렇게 장애물을 후려치지 않고도
그렇게 짝자꿍 변절치 않고도
이렇게 헐벗은 생명을 감싸며 온다.

기어코 온다.
보란 듯이 온다.
환장하게도 조용히 온다.

다만 돌아버려 이웃이 아닌 것들에게
어지럼병을 흩뿌리며 온다.

배신과 변신과 변절과 간통으로 얼룩진
민자년의 그 아리송한 속곳을
들춰내며 (아이고메, 냄새야!)
일천구백구십년의 봄은 온다!

겨우내 움츠렸던 팔십고개 어머님의
삭신을 자근자근 녹이며 온다.
겨우내 땅속에서 도란도란 떨던
어린 싹들을 어루만지며 온다.

아직 못 지켰던 약속 위에도
아직 덜 터뜨린 외침 위에도
아지랑이는 피어오르고,
햇불처럼 타오르고,

그렇다.

닫힌 채 텅 비어 있는 마음에까지

온갖 꽃들 피워 향기 퍼뜨리며

기어코 오는 봄 앞에서

우리들 부끄러워라.

우리들 화끈거려라.

<1990>

새 벽 길

졸음을 털어가며
새벽길을 걷는다.
어젯밤의 사나운 꿈들을
손을 저어 물리치면서
마냥 걸어나간다.

안개 같은 거, 어둠 같은 거
전경처럼 쭈뼛쭈뼛 앞을 가로막지만
저기저기 길이 있을 것 같아
발걸음도 가볍게
어둠 위를 걷는다.

새벽길에
벌써 일어서 있는
풀잎들을 어루만지며
한통속이 되어 마냥 걷는다.

〈1990〉

턱을 괴고 앉아

연휴가 지겨워서
턱을 괴고 앉아
눈만 껌벅여본다.

세상은 제 잘난 맛에
한철을 만난 듯 바삐 설쳐대지만
도무지 움직이기 싫어
꼬박 이틀이나 턱을 고이고 앉아
신년초부터
죄없는 입을 놀려
세상을 온통 저주해본다.

텔레비전의 그림도 놀랐는지
캄캄한 어둠 속으로 숨어버렸다.

덕담보다 소중한 것? 악담.
통일보다 소중한 것? 분단.

정의보다 소중한 것 ? 불의.

자유보다 소중한 것 ? 감금.

합격보다 소중한 것 ? 낙방.

분배보다 소중한 것 ? 독점.

자주보다 소중한 것 ? 외세.

건강보다 소중한 것 ? 질병.

연휴가 신나서

턱을 괴고 앉아

바깥 세상을 잊고

덕담을 지껄여본다.

<1990>

마음을 열고

마음을 열고
모든 것이 다 들도록 마음을 열고
팍팍한 길일망정 걷노라면
세상 참 넉넉하여
온통 하나가 됩니다.

남북이 그렇게 멀다 보니
동서가 그렇게 멀고
위아래가 그렇게 막히다 보니
좌우가 그렇게 삐걱거리지 않던가요?

하늘은 그냥 하나로 크고
물길도 어디 끊긴 데가 있던가요.
서 있는 것들도 저리 한데 어울려 흔들고
사나우나 부드러우나 바람도
한데 어울려 불어댑니다.

마음을 열고

단 하루만이라도 다 받아들여

작은 땅덩어리 큰 땅덩어리 되게 합시다요.

<1990>

모조리 望月洞

전 국토에 동동 달이 뜨니
이 땅 모조리 망월동 아니냐.

의로운 몸 땅속에 누워
푸른 넋 파릇파릇 돋게 하니
이 또한 부활 아니냐.

오월,
오월,
부끄럼 한점 없는
하나뿐인 몸과 얼 바쳐
이 땅 일으키니
이것이 바로 참 광복 아니었더냐.

8·15를 뒤집어보라
5·18이 아니냐
외세와 독재와 분단을 뒤집어보라

자주와 민주와 통일이 아니냐.

오월,
오월,
석가도 공자도 예수도 한몸 되어
뒤집기를 하니
몇천년 어둠에 묻혔던
이 땅 아픔을 딛고 일어서지 않았느냐.

전 세계에 둥둥 달이 뜨니
이 세상 모조리 망월동 아니냐

구천에 떠도는 넋이여
겨레의 파수꾼이여.

<1990>

無等에 올라

한사코 밀리고 밀려서
예까지 오른 것이 아니다.

그냥 어머니 같은 품이 그리워서
지나간 세월의 옷자락에
얼굴을 묻고 해가 다하도록
울고파서 오른 것도 아니다.

땅을 치며 발을 구르며
나를 잊기 위해서도 아니다.

날이 청명하면 어떻고
날이 궂으면 어떠랴.
새벽이면 어떻고 한낮이면 어떻고
달 뜨는 밤중이면 어떠랴.

있는 길 피해서,

숲을 헤치고 바윗돌 넘어
이미 떠난 생명들과 나란히
두 손바닥으로 얼굴 가리며
부끄러운 몸 낮추며

오늘도 내일도 또 모레도
쓸데없는 말 참으며
이 하늘 아래 무등에 올라
마냥 뒹굴며 모든 한들을 보듬으리라.
이 우람하고 다정한 정에 묻혀서.

<1990>

잠을 자다가

잠을 자다가 벌떡 일어나 앉는다
잠결 속에서 누군가가
나지막하나 단호하며 정다운 목소리로
「국토 서시」를 낭송하면서
중간에 간신히 멈추고,
일어나라 일어나라 명령하므로
"조태일 지음" 할 때
벌떡 일어나 앉는다.

그분은 안 보이므로
나도 그분처럼 캄캄한 밤의 흙 속에 누워서
「국토 서시」를 떠올리지만
도무지 한 줄도 외울 수가 없어
다시 잠결 속에서 출렁거린다.

우리의 국토
충남 연기군 금남면 달전리

124

야트막한 산등성이 땅속 깊이
삼베옷 걸치고 누워서
우리 스승은 그렇게 누워서

오늘밤도 달빛 별빛 모아놓고
푸른 솔 숨결로 한밤 내내
민족시 수백편을 줄줄이 낭송하시네.

잠을 자다가 또 벌떡 일어나
그분! 성내운선생님과 마주앉으려 하나
바지저고리 두루마기 표표히 날리며
국토, 그 어디메로 몸을 낮추시네.

<1990>

반기는 산

하이얀 살들을 드러내놓고
누구나 와서 뒹굴라고
겨울산은 말없이 누워 있다.

세상의 온갖 욕설도 괜찮다고
세상의 온갖 권력도 괜찮다고
세상의 온갖 가난도 괜찮다고

혼자라도 좋고
여럿이어도 좋다고
겨울산은 다만 저렇게 누워서

하이얗게
하이얗게
반길 뿐이다.

<1990>

님의 두루마기

성내운선생님을 그리며

님이시여, 보이십니까?
진월골에 햇빛이 내립니다.
내려서 여기저기 거닙니다.

별빛, 달빛도 내립니다.
고요히 내려
온갖 시름들을 달랩니다.

님은 이런 모습으로
항상 저희들 곁에 계십니다.

님이시여.
님께서 떠난 여기 진월골에
세월은 오늘도 어김없이 휘감깁니다.

바람도 와서 온갖 적막을 깨웁니다.
혹은 나뭇잎이나 풀잎들을 흔들어

님의 두루마기로 펄럭입니다.

님이시여.
아직은 저승이 아닌 거기 달전리에서
온갖 작은 새들을 모아놓고
온갖 잔솔들을 모아놓고
햇빛, 달빛, 별빛들을 한꺼번에 모아놓고
어제도 오늘도 민족시들을 암송하시겠죠.
내일도 모레도 그러시겠죠.

큰 것보다는 작은 것을
귀한 것보다는 천한 것을
위보다는 아래를 사랑하시고
정을 더 쏟으시던
님이시여.
이름있는 것들보다는
이름없는 것들을 더 아끼시던

님이시여.

봄이 오고 있습니다.

허연 잔설들이 안쓰러이 물러가고 있습니다.

그 자리에

님의 음성이 나지막이 갈았고 있습니다.

보이시죠.

님이시여.

<1990>

지 평 선

가을이다.
더 멀고 거침이 없는
우리들의 삶이 끝날 듯
되살아나는
저기 저곳에다
떳집이라도 한 채 지으리라.

가을이다
돌고 돌아 거침이 없는
우리들의 삶이 끝날 듯
되살아나는
저기 저곳에다
허름한 마음집이라도 한 채 지으리라.

물의 끝
마음의 끝
낭랑한 목소리가 뚝뚝 떨어지는

저기 저 지평선에서

춤을 추리라.

<1990>

쥐불놀이

그러면 그렇지.
피가 맑아서 뜨거운 아이들
방문을 박차고 일제히 쏟아져 나와
밭두렁 논두렁을 깨운다.

언 땅을 마구 달구며 서로 섞여서
사내아이들은 당당히 서서
계집아이들은 쪼그리고 앉아
오줌발을 힘차게 뿜어대면
겨우내 움츠리며
설마, 설마, 설잠으로 뒤척이던 들판은
가까스로 씨앗들을 껴안고
마침내 아이들 수선 속에 안겨
잠을 털어낸다.

나지막한 하늘에다
아침부터 저녁까지 별들을 띄우며

왁자지껄 마구 불을 놓으면

아서라, 아서라,
울타리 태울라, 조상묘 태울라
더러 참견하는 어른들 앞을 지나며

이 신명 누가 참견이냐
우리들 알 바 아니란 듯
불로 그을린 얼굴을 마구 문질러대며
들판과 함께 동무삼아 씩씩거리며
천방지축 내달린다.

연날리기

잠결인 듯
매운 칼바람에 취해
대낮인데도 답답해서 어지러울 땐
겨울 언덕에 선다.

아니 남산 꼭대기면 어떻고
인수봉이면 어떠랴.
국회의사당 옆 한강 고수부지면 어떻고
설악산 백담사면 어떻고
밤낮없이 달이 뜨는 망월동이면 어떠랴.

칼끝 같은 바람에
오장육부가 다 드러난다 해도
다스운 눈동자 서로 포개며
연을 날리자.
욕심도 티끌도 미움도 죄다 실어
악악 악을 쓰며 연줄을 끊어버리자.

그 끊어진 연줄을 타고 오는
말로만 무성한 님을 만날 수 있다면
잠결이면 어떻고
대낮이면 어떠랴,
처음으로 만나는 님만 있다면.

뱀띠 시인과 뱀띠 떠돌이들의 행보 얘기

정 현 기

소문으로만, 지면으로만 듣고 보던 외우 조태일을 정식으로 만난 것은 근 8, 9년 전 나의 낙백 시절, 그 또한 몇몇 대학 국문과를 맴돌면서 전임교수들의 눈치를 보던 처량한(?) 시절이었다. 지금도 일단 남의 대학에 출강하는 경우 속으로야 나의 정규 직장이 있고 제자들이 있으며 월급도 제대로 받는다는 뱃심이 있음에도 여전히 남의 집에 간 스산함과 서먹서먹함을 떨칠 수가 없는 판인데 여기서 찔끔 저기서 찔끔 시간 강사료로 생활하는 입장의 그 헛헛한 심사를 어찌 필설로 다 정확하게 나타낼 수 있을까? 그런 생활을 나는 10년이 넘게 하고 있었고, 그는 그래도 이름난 시인이며 시적 진실의 실천운동 쪽으로도 널리 알려졌으며 또 무엇보다도 통음(痛飮)의 인간적 매력도 지닌 사람으로 이름을 세운, 시인사(詩人社)를 운영하면서 뒤늦게 대학 쪽을 드나들어 몇년째 드난살이를 해오던 터수였다.

매주 목요일이었던가? 학기가 바뀔 땐 수요일이나 화요

일로 그와 나 그리고 또 한 사람 이연재(李演載)박사를 단국대학교 천안캠퍼스 쪽 국문과 교수님들은 한날로 묶어 떠돌이들끼리 덜 외롭고 덜 스산하도록 배려한 시간표를 짜주곤 하였다. 그와의 만남은 그렇게 시작되었고 고적하고도 따분한 이 나이든 편력기사들끼리 강의가 끝나 서울에 도착 틈만 나면 술집을 찾곤 하였는데, 겉보기에 우람한 체구에 거무튀튀한 상호(相好)에다 어느 순간 눈을 간잔조롬하게 뜨면서 웃는 이 행동파(?) 시인의 막무가내식 끝장보기 술버릇은 여러 모로 사람을 사로잡는 힘으로 다져져 있었다. 스쿨버스가 막 서울에 도착할 때쯤이면 으레 한숨씩 피곤을 푸는 잠에서 부스스 눈을 뜨고 창 밖을 두리번거리다가 술 마시기 적당한 어느 곳쯤이면 어김없이 그는 채근하곤 한다.

"이봐 작은 뱀들! 여기서 내리지."

"난 좀더 가서 내리는 게 좋은데!"

"에이 여기서 내려! 빨리!"

허우대가 크고 마음씨가 착해서 늘 듬직한 이 큰 뱀 시인은 앞장서서 우리들 두 뱀들을 달고는 다녔다. 대개 그는 허름한 포장마차 쪽으로 가거나 돼지머릿고기에 순댓국 한 그릇쯤을 시킬 수 있는 곳을 골라 때에 따라 소주로 시작하거나 또는 막걸리로 시작하는 식의 80년대 중반의 어느 한 시간대를 넘어서는, 술자리를 벌이곤 했다.

"이봐 작은 뱀, 정현기! 오늘 강의 재미있었어? 지난주엔 잘 들어갔나? 요즘 어때?"

1941년, 우리들은 모두 신사생(辛巳生)들이어서 조태일, 나, 이연재는 모두 동갑내기 뱀띠들인데 조태일이 유난히 이 뱀띠 자세가 크고 뱀띠야말로 머리 좋은 것은 말할 것도 없고 행운과 지혜, 출세에서 단연 으뜸가는 사주(四柱)의 한 기둥을 타고 났다고 주장하는 기염의 소리가 높다.

"야 이봐! 그건 정말이야! 박정희(朴正熙), 김지하, 김승옥, 김현, 김주연, 염무웅, 지금 이 세상에서 이름난 명사들은 모두 뱀띠란 말이야! 나폴레옹도 우리 뱀띠에 낀다구!"

"그래 그럼 그렇다고 치자. 우리 세 뱀들 가운데 나는 정월 뱀이라서 자라는 순서로 내가 제일 큰 뱀인데, 태일이 넌 번번이 우리를 작은 뱀, 작은 뱀 하니 도대체 그건 어느 나라 수사법이냐?"

"야 너 현기! 그건 말야…… 내가 덩치가 제일 크잖니? 하하하! 야! 그게 그런 거야!"

술꾼들이 술 먹는 스타일의 시중종(始中終) 원리란 대개 그렇듯이 술 먹기 전까지는 그날 하루의 일들을 머리속에 정리해본 다음 다음날의 하루 일정에 대해 반드시 생각을 모으게 마련이다. 발등에 불 떨어진 글빚은 없는가? 좀 더 확인하고 찾아 읽어둬야 할 내일 강의 준비는 어떤가? 집안에서 뭐 술 먹고 들어가면 좀 곤란할 일은 없는가? 대개 이 마지막 물음에 대해선 다들 대범하고, 더더구나 이건 집안 식구들을 먹여살리기 위해 이처럼 먼 길노동으로부터 이제 느지막이 돌아와 서울의 한하늘 밑에서 (이젠 집에 다 온 거나 마찬가지이니까 —— 이 경우 집에 전화로 그 사실을 알리는 축도 있고 아예 무소식이 희소식 논리를 실천하는 축도 있지만) 피곤한 몸을 잠시 쉬게 하며 이 노동판에서의 우의를 다지는 사람 사는 일에 임하여 몇 잔 마시는 데 누가 그르다 할까? 하지만 역시 술의 시작은 그 첫 잔이요 다음은 첫 병이며 몸을 사리고 조금씩 혀를

달래며 마시는 조심성으로부터 주석 원리는 펼쳐진다. 술
판 원리의 중간대목은 술이 꽤 여러 순배가 돌아 각자가
기고만장 자기가 알고 있는 모든 내용, 근래에 받고 있는
여러 느낌들이 말의 폭포를 이루며 술집은 웅성대는 사람
들의 소리로 들썩거리는 증상을 드러낸다. 크게는 인류사
의 혁명이 몇번 일어나게 되고 작게는 현정권이 몇번쯤 퇴
진당하는 이론이 전개되며 그 이유들이 조목조목 (이 경우
가 실은 반복 거론되기 십상이지만) 개진되어 바야흐로 주
흥은 무르익는다.

"이봐 현기, 아니 작은 뱀! 요즘 정부 놈들 정말 나쁜
놈들이야! 형편없이 썩고……"

사실 나는 그럴 때 주위를 슬쩍 살피는 버릇이 붙어 있
다. 낮 말은 새, 밤 말은 쥐 경구가 유신정권 이후 그야말
로 얼마나 무서운 진리로 이 사회에 만연되어 왔던가?

　　술을 마신 뒤에도 잠이 오지 않습니다.
　　이 탁 자와 억 소리가 내 방을
　　기어다니기도, 천장에 매달리기도 해
　　여간 무서운 것이 아니지요.
　　　　　　　　　　　──「탁과 억 사이에서」 부분

　　종철아,
　　네가 모른다고 책상을 '탁' 치니까
　　아저씨께선
　　'억' 하고 쓰러져서 운명하시고
　　너는 이렇게 살아 남았느냐?
　　　　　　　　　　　──「짧은 시」 부분

내 인상에는 그처럼 착하고 모나지 않은 사람도 드물다고 박혀 있지만 착한 사람 쳐놓고 못된 인간들이 벌이는 행악에 대한 분노심 없는 사람 있을까? 콧잔등에 주름살을 접으며 맛있게 술잔을 비우는 큰 뱀, 그래 그는 정말 한 마리 구렁이인지도 모른다. 황구렁이, 먹구렁이, 이 뱀들이 정력을 보강하려는 돈 많은 사람들 탐욕 때문에 멸종 위기에까지 이른 형편임을 감안할 때 나의 편한 벗 조태일을 먹구렁이나 큰 황구렁이라 부르면 안될까?

마음이 넉넉해서 편한 사람, 한번 마음 주고 서로 눈빛 맞으면 그날 종일토록 술 퍼마시고 종내엔 자기 집에까지 끌고 가서 아껴둔 약술과 마음속으로 끔찍이도 사랑하는 그의 아내를 내세워 자기들 삶의 기쁨과 고뇌 모두를 드러내 대접하는 뱀띠 시인 조태일! 그의 아내 역시 마음이 넉넉한 그리고 고통받는 이들의 아픔을 이해하고 아낄 줄 아는 특수아동교육 전문가이다.

"야, 그런데 태일이 너 잘 들어. 너 아까 뱀띠 자랑하면서 박정희도 뱀띠라고 그랬지? 그도 우리 잘난 뱀띠 축에 꼭 끼워야 쓰겠나?"

"하하 그건 그렇지, 하지만 어떻든 난 놈은 난 놈 아냐?"

"그, 그럼 까짓 게 뭔 상관이야. 술들이나 마셔!"

얌전하기가 꼭 자기를 닮은 이연재선생의 주기가 서서히 오르면 오랫동안 한문학 고전시가 쪽으로 마음을 닦아 옛날의 얌전한 선비를 쏙 빼다박은 이 막내 뱀이 거들고 나오기 시작한다.

"하하 거봐 작은 뱀 현기 너, 막내 뱀이 괜찮다잖어?"

우리는 질펀하게 떠들며 시간을 죽이다가 어스름했던 서울 거리에 땅거미가 내리고 강남의 저 80년대식 불빛이 이 방지역처럼 전기불빛을 반짝일 때면 술판의 끝판으로 서둘러 들어서게 된다. 입가심 술, 도대체 이 입가심이라는 불결해뵈는 낱말이 어째서 소주 마시고 나서 마시는 맥주타령 쪽으로 굳어졌는지 알다가도 모를 일이다. 이미 우리는 속에 들어 있던 마음도 다 얘기했고, 그동안 자기만 알았던 세상얘기들도 다 쏟아놓은 판이니 이젠 약물로 변신에 성공한 지킬 박사 대신 하이드 뱀들이 된 채 거리를 이리저리로 떠돌기만 하면 되는 것이다. 마음속에 안고 있는 깊은 시름과 언제 무엇이 어떻게 될지 도무지 종잡을 수 없는 인생의 저 허황한 벌판을 향해 휘청거리며 이 집에서 저 집으로 쏘다니며 우리들 뱀띠 셋은 그때 우리에게 허여된 시간을 까먹었고 삶을 소진시켰으며 사랑들을 나누었다. 사랑, 그래, 그것은 사랑이었다. 살고 있는 날들을 향한 사랑, 그리고 서로 은밀하게 가슴저려하는 스산하고도 저 밑도 끝도 모를 고뇌를 잊게 해주고 그런 존재들로서의 동류임을 확인하며 위로받곤 했던 것이다. 조태일은 수많은 시편들을 통해 그의 애정과 고뇌를, 분노를 노래했고 이연재는 도인다운 자기극기로 선비풍모를 다듬었는데, 나는 뭐냐?

긴긴 해를 산짐승 날짐승이랑 함께
가파른 산을 뛰어오르며
가시덤불에 살이 찢겨 흐르는
피를 문질러가며,

141

산열매로 가득 배를 채우고
찔레꽃 개나리꽃으로 입술 물들이며
짐승들보다 더 빠르게
신나게 뛰던 친구들

<중　　　략>

서로 무사했는지 새벽에 일어나
고함 지르며 골목골목을 뛰며
아침 안부를 묻던 친구들.

그 모습만 모습만
동리산 기슭에 가득 고였다.

　그의 「친구들」 일부다. 그는 사람을 사랑할 줄 알고 상
처받은 자의 아픔을 함께 아파할 줄 아는 시인이라고 나는
쓴다. 그가 근래엔 박사학위를 마쳤고, 그 당시 우리들 떠
돌이새처럼 떠돌던 시간강사 여행도 멈춰 대학교수가 되어
광주 쪽으로 떠났다. 지난 5월 2일에는 편운(片雲 : 조병화
시인의 호)문학상을 받아 문예진흥원에서 그 시상식을 치
렀다. 초청장도 받았고 큰 뱀의 간곡한 전화도 받았으나
나는 그날 행사에 못 갔다. 엄청나게 서운했을 것을 나는
알지만 쓰디쓴 기분인 채 하루 종일 앓으면서 힘겨운 내
삶의 늪 속으로 가라앉았었다. 그의 넓은 마음씨만 믿고
또 나의 큰 뱀을 향한 우정의 깊이만 믿고 그날 나는 온종
일 침묵 속에 갇혀 있었다. 그는 애정을 침묵으로 치환하
는 기법의 시도 여러 편 썼음을 내가 익히 알았으니까. 그

의 시적 적덕(積德)이 또 한 두께로 쌓아 올려지는 이 자
리를 빌려 축복과 하례의 인사를 나는 바친다.

後　記

여섯번째 시집을 낸다. 87년에 『자유가 시인더러』를 낼 때만 해도 마음이 벅차오름을 어쩌지 못해 사뭇 당황하기도 했던 생각이 초어름의 청명한 날씨를 헤집고 솟아난다.

그러나 이번 『산속에서 꽃 속에서』를 낼 양으로 그동안 썼던 시편들을 한편 한편 읽으면서 정리를 하는 동안에는 그저 무덤덤한 마음뿐이었다. 그만큼 내 시는 예전의 예컨대 『국토(國土)』에서 발산했던 소위 그 '힘'이란 것이 상당량 빠져버린 탓이리라.

그렇다. 사람이 힘을 쓸 곳과 쓸 때가 따로 있다는 생각을 요즘 들어 더욱 진지하게 생각해보는 때가 많아진 것은 사실이다. 그렇다고 해서 짧은 유년생활에 일생의 거의 모든 체험을 다 해버린 듯한 믿음이 가셔진 것은 아니다.

유년생활의 동리산 태안사에서 자연스럽고도 원없이 체험했던 원초적인 생명력을 바탕으로 시를 쓰는 한 겉으로 행사하는 '힘'을 느끼지 못할지라도 시의 내부로 흐르는 '힘'은, 현명한 독자라면 느낄 수 있으리라.

나의 시는 유년시절의 고향에서 출발하여 전국토의 사물들과 어울리다가 마침내 고향으로 돌아오리라는 신념에서 씌어진 시들이다.

이 시집을 내는 데 도와준 여러분들에게 고맙다는 인사로 후기를 거둔다.

조　태　일

144

창비시선 93
산속에서 꽃속에서

초판 1쇄 발행 / 1991년 5월 20일
초판 4쇄 발행 / 2012년 2월 6일

지은이 / 조태일
펴낸이 / 강일우
펴낸곳 / (주)창비
등록 / 1986년 8월 5일 제85호
주소 / 413-120 경기도 파주시 회동길 184
전화 / 031-955-3333
팩시밀리 / 영업 031-955-3399 · 편집 031-955-3400
홈페이지 / www.changbi.com
전자우편 / literat@changbi.com

ⓒ 조태일 1991
ISBN 978-89-364-2093-2 03810